L'EUROPE

SERA-T-ELLE REMANIÉE

OUVRAGES DU MÊME AUTEUR :

La Conférence de Londres et Guillaume Ier, ou De l'influence du système de Persévérance sur l'état financier du royaume des Pays-Bas, etc., etc.; — 1 vol. in-8o. — Paris, chez Amyot. — 1844.

La Pologne, la Russie et l'Europe occidentale, ou De la nécessité de résoudre la question russo-polonaise dans une Conférence des grandes puissances. — 1 vol. in-8o. — Paris, chez Amyot. — 1847.

Guillaume III, défenseur et soutien de l'indépendance de l'Europe contre la puissance de Louis XIV ; suivi 1o d'une lettre adressée au roi Louis-Philippe, en 1838 ; 2o de deux lettres à M. Guizot, ancien ministre d'Etat, avec la réponse de M. Guizot à M. de Grovestins. — 1 vol. in-8o. — Paris, chez Dentu, libraire, Palais-Royal. — 1850.

Considérations sur l'Église anglicane et l'Église catholique, à l'occasion de la création de l'Évêché anglican de Jérusalem et du rétablissement de la hiérarchie catholique en Angleterre ; suivies de : Un Chapitre de plus aux variations du Protestantisme. — 1 vol. in-8o. — Paris, chez Dentu. — 1851.

Tableau politique et moral de la Russie au XVIe et au XIXe siècle. — 1 vol. in-8o. — Paris, chez Amyot. — 1854.

Guillaume III et Louis XIV, ou Histoire des luttes et rivalités politiques entre les puissances maritimes et la France, dans la dernière moitié du XVIIe siècle. — 8 volumes in-8o. — Prix : 48 francs. — Paris, chez Amyot. — 1855.

Le Réveil de l'Europe occidentale ; La Russie ne peut être contenue ou refoulée que par des nationalités. — Petite brochure in-8o jésus. — Paris, chez Amyot. — 1855.

Le Congrès de Vienne en 1814 et 1815, et le Congrès de Paris en 1856. — 1 vol. in-8°. — Paris, chez Dentu. — 1856.

Le baron Robert Fagel. — Petite brochure in-8o. — La Haye, chez T.-C.-B. ten Hagen, imprimeur-éditeur. — 1857.

La Russie ramenée à l'ordre et l'Europe en 1857. — 1 vol. in-8o. — Paris, chez Dentu. — 1858.

La Confédération italique (1859) chez Dentu.

Imprimerie de BEAU, a Saint-Germain-en-Laye.

L'EUROPE

SERA-T-ELLE

REMANIÉE ?

PAR

LE BARON C.-F. SIRTEMA DE GROVESTINS,
Auteur de la *Confédération italique*, etc.

Alea jacta est !

—————— ∞∞∞ ∞∞∞ ——————

PARIS

DENTU, LIBRAIRE-ÉDITEUR

PALAIS-ROYAL, GALERIE VITRÉE, 13.

1859

INTRODUCTION.

———

Au printemps de 1829, on était comme l'on est au printemps de 1859 : à cette époque, presque tous les yeux étaient fixés vers Constantinople, comme ils le sont aujourd'hui sur l'Italie. Tous se demandaient, non sans anxiété : Quelle sera l'issue de cette lutte ?

La chute de l'Empire ottoman paraissait imminente ; l'Autriche tremblait, et non sans raison, car elle était la première à devoir supporter la pression du colosse slave, qu'on voyait grandir avec effroi.

Le cabinet de Berlin considérait la question d'un

œil assez indifférent et comme étranger à ce qui se passait dans l'Orient.

Un mot attribué au prince-Royal dénotait le peu de souci que l'on avait à Berlin de l'issue de la lutte entre la Sublime-Porte et l'empereur de Russie. Quelqu'un ayant cherché à apitoyer le jeune prince sur le sort du Sultan, il répondit : « Il sera » mon ami, quand il régnera au delà du Bos- » phore. »

Le gouvernement britannique murmurait et se donnait tout le mal possible pour détourner la catastrophe qui menaçait Constantinople et la domination des Osmanlis en Europe.

A cette époque, Charles X régnait ; on y attendait le *quos ego* du cabinet des Tuileries ; car la balance devait pencher pour la cause que la France embrasserait. Charles X et son ministère étaient donc puissamment travaillés par les cabinets rivaux.

On était arrivé à l'époque qui séparait la campagne de 1828 de celle de 1829, et ces mois d'hiver furent employés à négocier : Paris était le grand centre des intrigues et des luttes diplomatiques.

Après une première campagne peu décisive, l'empereur Nicolas sentait le besoin de frapper un grand coup au début de la campagne qui allait s'ouvrir au printemps suivant.

Il sentait également la nécessité de se procurer une puissance alliée dans la France.

C'est dans ce but que des négociations s'ouvrirent entre les cours de Saint-Pétersbourg et des Tuileries.

L'empereur de Russie demanda que la France le laissât libre de marcher sur Constantinople, en paralysant l'action des cours opposantes à cette conquête; en retour, Nicolas offrait à Charles X le remaniement de la carte de l'Europe et la destruction des traités de 1815.

L'un des ministres de Charles X, le général de Caux, ayant le portefeuille du ministère de la guerre, fut témoin et acteur dans ces négociations.

Dans son intimité, il donnait les détails suivants, recueillis de sa bouche par ceux qui avaient l'honneur de l'approcher :

« C'est positif, disait-il, et les choses étaient déjà
» si avancées, que les bases des traités à conclure
» étaient posées dans le plus grand secret, et que
» l'on était près de terminer, lorsque la négocia-
» tion fut découverte à prix d'or, par le cabinet
» anglais, qui avait conçu quelques soupçons. Ce-
» lui-ci s'en servit pour effrayer horriblement le
» prince de Polignac, ambassadeur à Londres, qui,
» de son côté, parvint à communiquer ses frayeurs

» à Charles X, et c'est là ce qui détourna le roi de
» conclure l'alliance projetée de la Russie.

» Voici quelles étaient les stipulations générales
» de cette alliance :

» La France devait envoyer une flotte aux Dar-
» danelles pour appuyer, du côté du Midi, les ar-
» mées russes qui marcheraient sur Constantino-
» ple. Cette ville deviendrait le siége d'un Empire
» séparé de la Russie du Nord ; l'empereur Nicolas
» devait s'établir à Constantinople, et un prince de
» la famille impériale régnerait en Russie ;

» La Pologne devait être rétablie comme État in-
» dépendant, avec restitution de la Gallicie et du
» duché de Posen ;

» L'empereur d'Autriche et le roi de Prusse de-
» vaient être indemnisés, ce dernier par l'acquisi-
» tion du royaume de Saxe ;

» Le roi de Saxe devait porter la couronne de
» Pologne ;

» Le Danemark devait obtenir un agrandisse-
» ment dans le Nord de l'Allemagne ;

» La France devait rentrer dans la possession de
» la rive gauche du Rhin et de la Belgique ;

» Et le roi des Pays-Bas devait être dédommagé
» de la perte de la Belgique par un équivalent dans
» le Nord de l'Allemagne ;

» Enfin, une armée de 150,000 hommes, fournie

» par la Russie, devait se porter sur le Rhin, pour
» assurer la prise de possession par la France de la
» rive gauche de ce fleuve (1). »

Tel fut le danger auquel l'Angleterre échappa :
on connaît le mot de Charles X à M. de Martignac ,
proposant au roi de mettre la dernière main à ce
traité : « J'ai tout arrangé avec Wellington. »

Charles X tombe du trône après avoir contribué
à l'affranchissement de la Grèce, et avoir ouvert un
nouvel Empire à la France sur la côte d'Afrique.
Aussi M. Jules Favre dit, en parlant de ce prince :

« C'était la monarchie du progrès, cette monar-
» chie délivrait la Grèce, cette monarchie envoyait
» ses enfants au secours de l'Amérique..... alors le
» roi était le chevalier de la liberté (2). »

Sous la royauté de l'ère de 1830, l'Europe trou-
vait un gage de sécurité dans le *Napoléon de la
paix*. Si par intervalle il avait recours à l'assistance
d'un ministre aimant à jouer au *Napoléon guer-*

______

(1) Le général de Caux n'est mort que depuis quelques
années, à Saint-Germain-en-Laye ; on assure même qu'il a
laissé des *Mémoires,* dans lesquels tous ces faits se trouvent
relatés. Il eut même la gracieuseté d'en lire des fragments
à quelqu'un qui lui demandait : Etait-il question d'un remaniement de la carte de l'Europe à l'époque à laquelle vous
étiez ministre?

(2) Apostrophe de M. Jules Favre à M. Thiers (*Moniteur*
du 8 mai 1849).

rier, c'étaient des éclairs passagers, des lubies belliqueuses, se terminant par des reculades, dans le genre de celle qui rappelait l'escadre française à Toulon, au moment où une collision pouvait devenir inévitable dans les eaux du Levant (1840). Le trône fondé par Lafayette était d'une structure trop fragile pour pouvoir supporter l'ébranlement des coups de canon.

Le grand problème à résoudre était alors : la quiétude de la dynastie de 1830 ; et le ministre, comprenant qu'il devait fleurir ou tomber avec elle, n'avait garde de compromettre cette chère, mais si frêle existence, échafaudée sur la niaiserie de M. de Lafayette, la vanité d'un Laffitte et le caquet d'un troisième.

Puis, vint la République : les faiseurs de systèmes et les utopistes n'avaient guère le temps de s'occuper du remaniement de la carte de l'Europe ; d'ailleurs, pour les humanitaires qui rêvent une terre sans bornes ni frontières :

> Et pourquoi nous haïr et mettre entre les races
> Ces bornes ou ces eaux qu'abhorre l'œil de Dieu ?
> De frontières au Ciel voyons-nous quelques traces ?
> Sa voûte a-t-elle un mur, une borne, un milieu ?
> Nations ! mot pompeux pour dire barbarie !
> . . . . (1)

(2) *La Marseillaise de la paix*, par M. de Lamartine.

Une carte de l'Europe est un non-sens, le baiser Lamourette fera alors le tour du globe sans avoir besoin de tirer un passe-port de sa poche et sans avoir à craindre la police et les gendarmes.

Heureux temps! heureux mortels, destinés à voir ces merveilles!...

Le rétablissement de l'Empire en France aurait pu faire concevoir des appréhensions, que cet Empire, ayant eu pour berceau la guerre, marcherait sur les traces du premier Napoléon ; mais le chef du deuxième Empire prononça ces mots : « L'Em- » pire, c'est la paix : » et l'Europe fut rassurée.

Depuis que ces mots ont été prononcés, la paix a été troublée deux fois.

Le premier perturbateur fut l'empereur de Russie : la guerre fut entreprise dans un but de légitime défense ; l'Occident avait à veiller au maintien de l'équilibre européen, menacé par les projets ambitieux de l'empereur de Russie.

La paix, la sécurité furent obtenues, sans que la carte de l'Europe fût remaniée.

Le nouveau perturbateur de la paix, c'est l'empereur d'Autriche.

Mai 1859.

L'INCONNU.

Le gant est jeté : l'Autriche a préféré des batailles
à un Congrès, l'épée à la plume, la force à la
raison.

François-Joseph n'a pas voulu se faire protoco-
liser : c'est héroïque ; mais est-ce sage ?

Le défi a été accepté par la France. C'était un
devoir, à la fois politique et national. C'est un chapitre de plus des guerres d'Italie entre les empereurs et les rois de la maison de Valois, entre la
maison d'Autriche et la maison de Bourbon, entre
l'Autriche et la République française.

L'Italie, depuis qu'elle ne s'est plus possédée
elle-même, a été pendant des siècles une pomme de
discorde entre l'Autriche et la France, tout comme
la Belgique l'a également été.

Après de longues guerres, la Belgique a cessé d'être un objet de convoitise et de lutte entre les deux Empires ; elle est entrée comme état neutre dans la grande famille européenne.

Espérons que c'est à ce même résultat que conduira la guerre qui vient d'éclater dans le Nord de l'Italie, et que la Péninsule cessera d'être un champ de bataille pour les armées françaises et autrichiennes.

S'il doit y avoir encore du sang répandu, que ce sang soit du moins le dernier, et qu'il puisse profiter à la sécurité et à l'indépendance de la Péninsule italique.

L'unité italienne est une belle chimère. Il faudrait un autre César ou un autre Auguste, pour faire oublier aux Italiens qu'il existe un Rubicon, cette antique ligne de démarcation entre la Gaule cisalpine et l'Italie proprement dite.

M. de Lamartine, qui aime à contempler bien plus qu'à approfondir les questions, nous disait, ces jours derniers, que l'Italie ne retrouverait de beaux jours que sous un nouveau Washington. Un Washington! un homme simple et primitif, placé à la tête de cette vieille civilisation italienne, corrompue, rusée et ayant tellement pris en aversion la simplicité, qu'elle ne s'exprime jamais qu'au superlatif. Ce sont de ces phrases qui rappellent la

meilleure des républiques du général de Lafayette.
Quand donc le monde ne se laissera-t-il plus éblouir
par des mots sonores, mais creux?

Mais une Italie neutralisée sous des princes liés
entre eux par le besoin de faire respecter leur indépendance, serait un pas vers la nationalité italienne qui, de ce jour, ne serait plus exposée à ces
invasions à main armée de ses puissants voisins, et
qui arrivant, soit comme provocateurs, soit comme
défenseurs, laissent toujours après eux une traînée
de larmes et de sang.

Voilà le résultat où peut conduire la nouvelle
guerre d'Italie qui vient de s'allumer, si tant est
qu'elle reste locale.

Mais si le théâtre de la guerre vient à s'élargir,
s'il sortait de l'étroit bassin des Alpes gauloises et
juliennes dans lequel il est renfermé dans ce moment, les conséquences que ce fait pourrait entraî-
ner après lui sont incalculables.

Malheureusement les efforts du cabinet de Vienne
sont dirigés de ce côté : il est évident que d'une
guerre locale, il vise à faire une guerre universelle,
que d'une question italienne, il cherche à faire une
question européenne, en entraînant toute l'Allemagne à sa suite dans une guerre provoquée par un
intérêt exclusivement autrichien.

C'est là, il faut le dire sans hésiter, une politique

à la fois astucieuse et criminelle, et l'Autriche, qui ne recule pas devant une pareille énormité, pourrait bien en être punie la première.

Dire où pourrait conduire une guerre générale serait une prétention absurde ; quand on se trouve en présence de *l'inconnu*, on attend avec plus ou moins d'anxiété les décrets de la Providence ; mais ceci ne défend pas les prévisions. Or, ces prévisions nous paraissent toutes peu rassurantes pour l'Autriche, intéressée plus que toute autre puissance à ne pas provoquer un remaniement de la carte de l'Europe, et ce remaniement nous semble être dans les choses inévitables, si des bords du Pô la guerre s'étendait sur les rives du Rhin et ailleurs.

Prévoir, c'est là ce qui constitue la science de l'homme politique. C'est le moyen le plus assuré de ne pas être pris au dépourvu ; ainsi faisant, on se prépare aux éventualités qui peuvent surgir d'un moment à l'autre, et compliquer de plus en plus une question. En politique, les idées doivent, le plus possible, devancer les faits.

Au nombre des grands remaniements qui nous apparaissent probables et nullement impraticables, deux surtout se sont présentés à notre esprit : le rétablissement d'un Empire d'Allemagne, et le rétablissement d'un Empire grec ou d'Orient.

L'EMPIRE D'ORIENT.

Les pérégrinations du grand-duc Constantin dans le Levant, sa visite à la cour d'Athènes et la réception quasi royale qui lui a été faite ; puis son voyage en Terre-Sainte, sont des faits importants à l'époque actuelle.

Cette entrée triomphale à Jérusalem, entourée d'une garde nombreuse et aux acclamations d'une population grecque exaltée, faisant retentir l'air du cri : « Voilà le restaurateur du trône de Constantinople ! » Tout cela n'est-il pas significatif ?

On peut en conclure que l'esprit grec dans l'Orient est retravaillé, contre l'Autriche principalement, qui compte un grand nombre de sujets slaves ; puis contre le Sultan avec ses 4 millions de Turcs perdus dans les 12 millions de Grecs qui forment la population de la Turquie d'Europe.

Un Empire d'Orient modelé sur une souveraineté féodale, composé de grands vassaux, les hospodars de Valachie et de Moldavie, les bans ou hettman de Transylvanie et de Croatie, le prince de Servie, le prince de Monténegro et de Dalmatie, etc., etc., la suzeraineté du royaume de Grèce en attendant la mort du roi actuel; puis la possession quand ce trône serait vacant.

Tels sont les éléments avec lesquels on pourrait reconstruire un Empire d'Orient en passant par les défilés des grands vassaux, pour arriver un jour à la domination unitaire.

L'état des populations dans ces contrées n'est guère plus avancé que ne l'étaient celles de la France au moyen âge, avec ses grands vassaux et leur seigneur suzerain, le roi de France.

Tel est l'Empire d'Orient qui se présente à notre esprit; et au moment où les yeux sont fixés sur la lutte en Italie, on pourrait bien travailler dans ce but à la cour de Russie, à l'aide d'une levée de boucliers des populations grecques, qui forcerait le sultan à se réfugier dans l'Asie-Mineure.

Un souverain, issu de la dynastie russe, établi sur le trône de l'Empire d'Orient, oublierait bientôt son origine, pour adopter la vieille politique de la cour de Constantinople, contre l'Empire du czar, une politique haineuse et toute de suspicion.

Ce qui était un danger réel sous un Nicolas, cesse de l'être sous Alexandre II., régnant à Saint-Pétersbourg et son frère à Constantinople.

Qu'on se rappelle le mot de Louis XIV à son petit-fils, au moment où il partait pour aller prendre possession du trône d'Espagne : « Il n'y a plus de Pyrénées. » Mais à peine le nouveau roi était-il consolidé dans son Etat, que les Pyrénées se relevèrent.

La religion même deviendrait une barrière entre les deux Empires : car l'empereur d'Orient refuserait de reconnaître l'empereur de Russie comme chef de l'Eglise dans son Empire, et placerait fort haut le patriarche de Constantinople, comme un signe de ralliement pour l'Eglise dans l'Empire d'Orient. — Le schisme grec se diviserait par là plus profondément, et Constantin, comme successeur de Constantin le Grand, le premier empereur chrétien, revendiquerait la possession des Saints-Lieux, fondés par l'impératrice Hélène.

Voilà assez de sujets de divisions entre les deux cabinets pour ne pas avoir à craindre une action commune de leur part contre l'Europe occidentale.

Pour celle-ci, il nous semble préférable de voir deux Empires du culte grec, constitués avec les jalousies qui en seront inséparables, qu'un seul Empire slave en perspective, comme une épée de Damoclès suspendue sur sa tête.

Les conséquences de la création d'un Empire grec, qui se présentent à notre idée, sont :

L'indépendance de l'Egypte. Le pacha brisera les faibles liens qui l'attachent encore à la Sublime-Porte. Ce serait un coup irréparable pour les Anglais.

Aussi doit-on s'attendre à ce que l'Angleterre ne se laissera pas enlever cette communication plus directe avec ses possessions dans l'Inde sans un effort suprême. Dès lors l'Egypte deviendra un sujet de lutte, et le spectacle auquel on a assisté vers la fin du xviiiᵉ siècle pourrait se renouveler de nos jours. Les rivages de l'Egypte et les bords du Nil reverraient les flottes et les forces anglaises et françaises et celles de leurs alliés se disputant la possession de l'héritage des Pharaons.

Mais ce qui sera plus terrible pour cette puissance, c'est que la résurrection d'un Empire grec aurait pour résultat de créer une nouvelle puissance navale dans le Levant, qui, réunie aux forces navales de la France, pourrait fermer la Méditerranée aux flottes britanniques, et enlever à cette puissance les îles Ioniennes et Malte, et obligerait les Anglais à prendre le détour du cap de Bonne-Espérance pour communiquer avec le Bengale et leurs possessions en Asie.

L'EMPIRE D'ALLEMAGNE.

L'Autriche et la Prusse entrent aujourd'hui dans une phase toute nouvelle. Depuis 1815, aucune guerre étrangère n'a menacé ni l'Autriche ni la Prusse ; s'il y a eu, pendant près d'un demi-siècle, des moments de brouille en Europe, ils ne menaçaient pas les possessions respectives des souverains de l'Autriche et de la Prusse. L'action des deux cabinets a pu être constamment commune, et c'est ainsi que presque toujours ils pesaient de leur prépondérance réunie sur la Confédération germanique et sur la résolution de la Diète de Francfort.

Mais à partir du jour où l'empereur d'Autriche allait guerroyer pour son propre intérêt, il aurait dû comprendre qu'il cédait la place au cabinet de Berlin dans l'Allemagne ; car les embarras du dehors de la cour de Vienne ont presque toujours servi d'échelon à celle de Berlin.

La guerre de 30 ans a mis le grand-électeur hors de pair en Allemagne ;

La succession d'Espagne, en 1700, a fait roi Frédéric Ier,

Les embarras de Marie-Thérèse ont procuré à Frédéric II le surnom de *Grand*.

La guerre dans laquelle l'Autriche vient de se jeter contre la France, qui a pris fait et cause pour le roi de Sardaigne, vient donc de rompre l'unité de vues et d'intérêts qui ont subsisté entre les cours de Berlin et de Vienne, depuis un grand nombre d'années.

Et ce dissentiment s'est communiqué au corps fédéral, où les uns plaident en faveur du système prussien, et les autres en faveur des vues de l'Autriche.

S'il y a un choix à faire pour l'Allemagne entre l'Autriche et la Prusse, il ne peut pas y avoir à hésiter. Celle-ci est la véritable incarnation de la patrie germanique, dont elle représente les intérêts, les besoins, les mœurs, les aspirations. Si l'Allemagne était dissoute par un cataclysme social, il y aurait dans la Prusse de quoi la reconstituer.

Quant à l'Autriche, elle n'est allemande, par sa population, que dans la proportion d'un sixième ; comment donc l'Allemagne verrait-elle en elle la personnification de sa nationalité ? A proprement parler, l'Autriche ne représente aucune nationalité ;

c'est un assemblage de races, n'ayant de commun que leur haine pour le pouvoir qui les a privées de leur autonomie en les courbant sous son joug.

Ce défaut d'affinité entre l'Autriche et l'Allemagne est si frappant, qu'il y a toujours eu entre elles les plus profondes dissensions ; et que c'est la Prusse, Etat protestant, qui en est l'expression la plus saillante, la plus vraie.

Qu'on joigne à cela la rivalité héréditaire entre les deux maisons : celle d'Autriche, déchue de son antique prédominance ; celle de Brandebourg, fière, et fière comme une parvenue, de marcher d'un pas égal avec une maison qui la traitait avec hauteur, il n'y a que 150 ans : n'y a-t-il pas là de la place pour un profond sentiment d'inimitié ?

Eh bien, c'est ce mauvais fonds existant entre les cabinets de Berlin et de Vienne, que ce dernier est venu remuer, raviver, fort maladroitement, en tenant un langage qui rappelle les prétentions de la défunte cour aulique du Saint-Empire romain.

L'Empereur, en venant déclarer à la Confédération germanique que la Lombardie ayant été de temps immémorial *un fief* de l'Empire, il comprend que l'Allemagne entière doit s'armer et monter à cheval pour défendre ses possessions dans le Nord de l'Italie.

D'après le système de la cour de Vienne, toute

l'Allemagne doit, par conséquent, s'identifier avec une question qui n'est pas allemande, mais exclusivement autrichienne.

En un mot, l'empereur d'Autriche, se trompant de date, voudrait donner à l'Europe du xix⁰ siècle le spectacle des Empereurs du moyen âge, entraînant, dans leurs *expéditions d'Italie*, les vassaux de l'Empire.

Le cabinet de Berlin, comme on le pense bien, a décliné l'honneur d'être le porte-glaive de la maison d'Autriche; il a voulu rester maître de son action, libre de ses allures, juge de la question. De là, grande irritation à la cour de Vienne, qui s'est alors rejetée d'un autre côté, en travaillant par tous les moyens possibles quelques petites cours germaniques pour les rallier à son système, espérant effrayer et intimider le cabinet de Berlin.

Mais ces tentatives n'ont pas eu plus de succès. La Prusse est restée ferme dans la résolution de se refuser à toute mesure agressive.

Cependant les amis complaisants n'ont pas manqué à l'empereur d'Autriche.

Le roi de Hanovre s'est prononcé en faveur des exigences de la cour de Vienne, sous le prétexte que l'Allemagne courait le danger d'être attaquée par la France.

Quoique les possessions du roi de Hanovre soient

les moins exposées aux dangers d'une invasion, le gouvernement de ce pays, ne tenant aucun compte des conseils de modération qu'il avait reçus de la Prusse, et obéissant à l'impulsion de l'Autriche, a demandé à la Diète la concentration d'un corps d'observation fédéral sur les frontières de l'Allemagne méridionale. Présentée au moment même où le gouvernement français déclarait, par la voix du *Moniteur*, qu'il ne prenait aucune mesure de défense extraordinaire dans les départements de l'Est, la proposition hanovrienne a essentiellement le caractère d'une provocation : la Prusse l'a parfaitement compris et elle a aussitôt protesté contre cette proposition.

Mais il y a plus qu'une provocation à l'égard de la France : il y a le dessein d'anéantir le pacte fédéral et de mettre à la disposition de l'Autriche les forces militaires de l'Allemagne. En effet, les règlements organiques de 1815 et de 1820, tout en conférant à la Diète le droit de paix et de guerre, veulent que la Confédération ne puisse exercer ces droits que dans l'intérêt de sa propre défense et pour assurer l'inviolabilité du territoire fédéral.

Il est évident que le territoire fédéral n'est pas menacé aujourd'hui ; l'indépendance de l'Allemagne ne court aucun danger. La Prusse a donc raison de prétendre que, dans les circonstances actuelles, la mesure proposée par le Hanovre est contraire au caractère purement défensif que les traités ont créé à la Confédération. Le cabinet de Vienne, en persistant néanmoins dans le projet dont le Hanovre s'est fait l'organe, n'a d'autre but que de faire occuper militairement l'Allemagne méridionale et de s'emparer des forteresses dans cette partie de la Confédération : c'est là un premier pas vers l'asservissement des États secondaires de l'Allemagne et vers l'annihilation de la Prusse.

Aussi, la démarche du gouvernement hanovrien a-t-elle causé en Prusse une irritation profonde. Jamais le sentiment national n'a été plus vivement froissé. Les feuilles les plus autorisées ont déclaré unanimement que le prince-Régent ne permettra jamais que l'Autriche ou une majorité de petits États disposent de l'armée prussienne. Elles ont été plus loin: elles ont laissé entrevoir l'adoption de mesures propres à empêcher toute action militaire qui aurait lieu contrairement à la volonté de la Prusse.

On voit, par ce qui précède, que le dissentiment entre les deux grandes cours allemandes est profond, et que ce mauvais vouloir pourrait conduire à une rupture, si l'Autriche s'obstinait à vouloir faire plier *l'esprit allemand* à ses convenances *auliques*.

A l'occasion de ce dissentiment, le cabinet de Saint-Pétersbourg a cru devoir s'expliquer de son côté de la manière la plus catégorique.

Dans une circulaire du prince Gortchakoff, le cabinet russe dénie nettement à la Confédération germanique le droit d'intervenir dans la guerre soulevée par l'Autriche en Italie, au sujet d'une possession non germanique. Il déclare que si l'Allemagne, dans cette lutte, se portait du côté de l'Autriche, l'équilibre politique résultant des traités serait détruit.

Cette question de droit public européen paraît donc définitivement réglée : c'est déjà un progrès.

Cette déclaration russe a tout le caractère d'un règlement de comptes entre le cabinet de Saint-Pétersbourg et celui de Vienne : le premier n'a pas oublié la neutralité autrichienne de 1854.

C'est un coup mortel pour l'influence de l'Autriche en Allemagne, où elle devient une superfétation.

A la vue des nouvelles complications qui pourraient surgir en Allemagne, l'opinion publique se prononce : elle sent le besoin d'un point de ralliement mieux défini, d'un gouvernement plus central, possédant un certain degré de force, au lieu de cet éparpillement qui devient une source d'incertitude et souvent même de faiblesse ; et les yeux se fixent sur la puissance à qui cette direction pourrait être confiée. N'est-ce pas là un acheminement à l'Empire?

L'Autriche, trop distraite par ses embarras du dehors, n'est pas en état de satisfaire à ce besoin ; qui reste-t-il donc? sinon la Prusse.

Qui est-ce qui a fait la force de Louis XIV et de Napoléon Ier contre l'Empire d'Allemagne? Son manque d'unité dans des jours de grandes crises. Le rétablissement de l'Empire germanique serait, en quelque sorte, le contre-coup du rétablissement de l'Empire en France.

Quand on voit s'établir d'une part une puissante unité, il est prudent de la contre-balancer par une unité correspondante pour maintenir l'équilibre.

La Confédération germanique a fait ses preuves ; c'est une institution maladive ; elle est restée à l'état d'enfant un peu rachitique, et il faudrait pouvoir infuser une séve nouvelle dans ce faible corps, dont l'Autriche aimerait à faire un joujou à son usage et que la Prusse saurait élever à la hauteur d'un instrument national.

L'attitude et la politique de la Prusse est expliquée dans une espèce de manifeste publié dans la *Gazette nationale de Berlin.*

On y lit :

« Le mouvement allemand est le résultat des

» intrigues de la jalousie de quelques petits Etats.
» Cette agitation n'est ni en faveur de l'Autriche
» ni dirigée contre la France ; c'est en réalité du
» mauvais vouloir contre la Prusse. L'attitude des
» petits Etats est une violation flagrante des prin-
» cipes fondamentaux de la Confédération germa-
» nique et tend à son démembrement.

» Il est du devoir de la Prusse de réprimer ces
» idées factieuses, et elle en possède les moyens ;
» car en pareille circonstance, il n'y a que deux
» manières d'y mettre fin.

» Le peuple allemand doit faire entendre sa voix
» pour faire rentrer ces petits princes dans le droit
» chemin, et dans la voie de l'honneur et de l'unité
» nationale.

» Ou bien la Prusse, après avoir renversé la
» Constitution fédérale, doit agir à l'égard de ses
» anciens co-confédérés, comme si d'un jour à
» l'autre elle pourrait rencontrer en eux un
» ennemi. »

Ce passage en dit long : on semble y voir la main
qui se prépare à saisir !. . . . .

Ce langage rappelle celui que Napoléon Ier faisait
adresser aux Etats du défunt Empire romain, lors-
qu'il se préparait à y substituer la Confédération du
Rhin.

« Il n'y a rien de nouveau sous le soleil, » s'écriait Salomon ; et il disait vrai, quoiqu'il ne fût pas encore question de politique de son temps.

L'esprit qui règne à la cour de Berlin n'est plus celui qui y régnait il y a quelques années ; ce n'est plus le capricieux, le versatile Frédéric-Guillaume IV qui tient en main les rênes de l'État.

Ce prince aimable, spirituel et docte, joignant à beaucoup de savoir le défaut d'ignorer ce qu'il voulait, naviguant sans cesse entre les souvenirs du passé et les exigences de l'époque présente, ce prince, dont la plupart des actes ont été des avortements, est rentré dans l'ombre. Roi nominal, la puissance est passée entre les mains de son successeur éventuel, le prince-Régent. Celui-ci, moins savant, moins spirituel que Frédéric-Guillaume IV, a l'avantage de posséder l'énergie et le jugement qui faisaient défaut au monarque.

Si Frédéric Guillaume IV était exposé à tomber dans les trappes du cabinet de Vienne, il n'est pas à craindre que le prince-Régent de Prusse s'y laisse prendre.

Il a sa couronne future à défendre, celle de son fils et de son petit-fils ; et près de cette couronne qui doit être portée par trois générations, se trouve un Argus, sous les traits d'une femme, la princesse de Prusse, énergique et Allemande avant tout.

Si on faisait briller la couronne impériale aux yeux de la maison de Brandebourg, comme en 1848, il n'est pas possible de supposer qu'on l'y laissât échapper une seconde fois :

« Errare humanum est, sed non bis in idem. »

Dans ce remaniement de la carte de l'Europe, quels seraient le rôle et la place du royaume des Pays-Bas?

Cédant en 1814 et 1815, aux conseils égoïstes du cabinet anglais, Guillaume Ier se crut assez fort pour rompre avec la nationalité germanique, à se créer une puissance isolée. Une petite ambition royale à satisfaire lui parut préférable à l'union à la patrie commune, la Germanie, par l'incorporation du royaume des Pays-Bas à la Confédération germanique (1).

C'est ainsi que le royaume des Pays-Bas resta, en quelque sorte, suspendu entre trois nationalités, l'Angleterre, la France et l'Allemagne; et quand l'heure du danger sonna pour Guillaume Ier (1830), il se trouva placé dans un fatal isolement : la France jubilait, l'Angleterre , oublieuse de ses promes-

(1) *Correspondance de lord Clancarty,* ambassadeur britannique à La Haye et au congrès de Vienne, et *du baron Fagel,* ambassadeur du souverain des Pays-Bas à la cour de Londres.

ses (1), laissa faire, et l'Allemagne, sans lien avec les Pays-Bas, n'osa rien entreprendre pour la conservation du boulevard qu'on avait eu l'intention de lui procurer en 1815. Il n'en eût pas été de même s'ils avaient fait partie de la Confédération.

Issus de la race germanique, ayant fait partie de l'Empire jusqu'à la fin du xvie siècle, les liens des Pays-Bas reçurent une plus grande importance politique, lorsque, dans le courant du xve siècle, l'empereur Maximilien Ier les érigea en cercle de Bourgogne ; et ces liens se seraient probablement fortifiés, si la domination espagnole dans les Pays-Bas ne fût venue les rendre à peu près illusoires. C'est par des circonstances fortuites que les Provinces-Unies se sont séparées de leur souche.

La grande perturbation produite par la Réforme religieuse dans l'Empire ; la tyrannie de Philippe II d'Espagne ; la politique de la France et de l'Angleterre : toutes ces causes réunies brisèrent les rapports existant entre les Pays-Bas et l'Allemagne. Un glorieux présent fit trop oublier une

(1) Correspondance de lord Clancarty, *ut supra*. — Lord Castlereagh ou le duc de Wellington rangeait au nombre des avantages que le nouvel État posséderait, celui de n'avoir pas besoin d'entretenir une armée considérable : la proximité de l'Angleterre permettant de compter sur l'armée anglaise au besoin ; il en a bien paru en 1830 !...

communion d'illustres souvenirs remontant à plusieurs siècles.

Mais à mesure que les préoccupations égoïstes des cabinets tendent à s'effacer, le sentiment conservateur de l'esprit de race tend à se fortifier ; et malgré les progrès de la civilisation, le Germain restera toujours l'homme de race germanique, comme le Français le descendant des Gaulois, et les humanitaires auront beau dire et prêcher, ces deux races auront toujours leur cri de ralliement et leur drapeau.

Elles pourront vivre paisiblement l'une à côté de l'autre, travailler chacune dans leur esprit propre au bien-être général du genre humain.

Mais l'instinct de race qui divise les descendants d'un Arminius et d'un Vercingétorix sera toujours là (1).

Voilà notre conviction, dussions-nous être qualifié de *barbare* par les humanitaires.

Se rapprocher, rentrer dans cette antique famille germanique serait non-seulement sage, mais glorieux pour les Pays-Bas, réduits à une nullité politique incontestable de nos jours ; car ils pourraient briller avec éclat dans un Empire d'Allemagne relevé.

(1) Les Germains n'admettront jamais cet œil unique, cet œil cyclopéen dont M. Victor Hugo ou un autre gratifia un jour l'Europe : Paris !

Ils apporteraient à la Germanie leur position maritime.

Ils ouvriraient à l'Allemagne la possibilité de devenir une puissance navale, — depuis Hambourg jusqu'aux embouchures de l'Escaut et de la Meuse; ce serait l'aigle impériale qui reprendrait possession des lieux où jadis son drapeau a flotté avec orgueil sous les Maximilien et les Charles-Quint.

Ainsi faisant, quatre grandes marines militaires pourraient se former en Europe : celle de la Russie dans la Baltique ; celle de l'Empire d'Allemagne sur la mer du Nord ; celle de la France sur l'Océan et dans la Méditerrannée ; celle de l'Empire d'Orient dans le Levant.

La puissance navale de l'Angleterre trouverait alors un contre-poids qu'elle n'a pas connu depuis longtemps.

CONCLUSION.

Dire quel serait l'effet de ces deux grandes résurrections politiques sur le reste de l'Europe, n'est pas facile.

Evidemment, il y aurait des heureux et des malheureux, des gagnants et des perdants.

Au nombre de ceux-ci se trouveraient sans doute les partisans trop zélés de la *politique aulique* du cabinet de Vienne.

Il y aurait probablement aussi de nouvelles médiatisations, car les petits sont toujours là pour payer les fautes des grands; l'Autriche pourra être écornée, mais non détruite; tandis que ceux qui n'ont pas grand'chose à perdre seront engloutis.

Il est facile de comprendre que pour maintenir

l'équilibre en Europe, la France, de son côté, devra obtenir une extension de territoire, et l'on pourrait bien fouiller dans les archives diplomatiques, à Saint-Pétersbourg et à Paris, pour en faire sortir le traité ébauché en 1829.

1ᵉʳ juin 1859.

www.ingramcontent.com/pod-product-compliance
Lightning Source LLC
Chambersburg PA
CBHW061116050726
47594CB00005B/1965